SIMBOLISMOS
EM A FLAUTA MÁGICA, DE
MOZART

LÚCIA HELENA GALVÃO

SIMBOLISMOS
EM A FLAUTA MÁGICA, DE

Rio de Janeiro
2023

Adaptação de texto
Natani Lepre Franco e Aline Cristina Batista Lima

Revisão
Gabriela Coiradas, Luís Carlos Morais Filho e Thainara Castro Lima Melo

Capa e projeto gráfico
Anael Medeiros

Coordenação editorial
Auriel de Almeida e Thais Boulanger

Grafia atualizada segundo o acordo ortográfico da língua portuguesa de 1990, que entrou em vigor no Brasil em 2009.

Dados Internacionais de Catalogação na Publicação (CIP)

G182 Galvão, Lúcia Helena

Simbolismos em A flauta mágica, de Mozart / Lúcia Helena Galvão. — 1. ed. — Rio de Janeiro : Hanoi Editora, 2023.

66 p.

ISBN 978-85-54823-74-0

1. Mozart, Wolfgang Amadeus, 1756-1791. Die Zauberflote. 2. Simbolismo. 3. Arte e filosofia. I. Título.

CDD-193

Bibliotecária: Regina Oliveira de Almeida CRB— 7/6116

[2023]
Todos os direitos desta edição reservados à
HANOI EDITORA
www.hanoieditora.com.br
contato@hanoieditora.com.br

PREFÁCIO

A obra *A Flauta Mágica*, ópera de Mozart, feita em colaboração com o libretista Schikaneder, exala uma aura de mistério desde sua estreia em 1791. Até os dias atuais, fascina não apenas os apreciadores da música erudita, mas, igualmente, o público em geral. Possui trechos conhecidos universalmente, como a famosa ária da personagem Rainha da Noite, reproduzidos em todos os tipos de mídia, inclusive em comerciais de televisão. O encanto provocado por essa ópera de Mozart advém tanto da beleza e da harmonia de sua música como da história que narra, contemplando drama, humor, romance e, principalmente, um vasto simbolismo inspirado nos mitos de diversas tradições.

Inserido de forma tão natural na obra, esse simbolismo pode passar despercebido aos olhares menos atentos. Ressaltar e apresentar os principais elementos simbólicos de *A Flauta Mágica*, de maneira didática e profunda, é uma das contribuições fundamentais da Prof.ª Lúcia Helena Galvão neste livro. Com sua grande experiência como professora e filósofa, a autora possui uma visão treinada e a sensibilidade necessária para extrair lições extremamente significativas e valiosas tanto de momentos simples do cotidiano quanto dos grandes clássicos do pensamento humano, que se tornam mais bem compreendidos e apreciados a partir de suas hábeis explicações.

A cada um de seus livros, suas poesias, crônicas ou aulas assistidas, desvelamos significados mais profundos dos temas abordados, além de aprendermos uma nova linguagem, com a qual passamos a compreender melhor o que a vida tem a nos ensinar. Afinal, como enfatiza a Prof.ª Lúcia Helena e outros grandes estudiosos, como Joseph Campbell e Carl Jung, a linguagem dos símbolos é a linguagem da vida. Em todos os mitos da humanidade, desde Valmiki, Vyasa, Hesíodo e Homero, na Antiguidade, à história de *A Flauta Mágica*, toda a complexa gama de personagens é construída para representar facetas do ser humano em sua jornada existencial, com suas virtudes e limitações, conflitos, vitórias e aprendizados. Diante de tudo o que nos é novo e desconhecido nessa jornada, aventurar-nos a aprender com *A Flauta Mágica* na companhia da Prof.ª Lúcia Helena é uma forma instrutiva e agradável de dar o próximo passo!

"O caminho leva ao teu destino;
Hás de vencê-lo virilmente.
Escuta, pois, o nosso ensino:
Sê firme, calado e paciente".
(*A Flauta Mágica*)

João Paulo Martins Melo
Palestrante e professor de Filosofia na Nova Acrópole

Índice

Introdução

Dou as boas-vindas ao leitor deste volume, que traz comentários a respeito do simbolismo em *A Flauta Mágica*, essa obra tão maravilhosa, unânime para quem conhece o gênero ópera, embora, a princípio, nem fosse considerada pertencente a essa categoria, como hoje. É grandiosa, do ponto de vista de que talvez nem os dramas musicais de Wagner sejam tão simbólicos. Não há uma vírgula em *A Flauta Mágica* que não seja simbólica.

Sou uma professora de filosofia, e estudar simbolismo, para um filósofo, é uma das coisas fundamentais, pois acreditamos que a nossa vida é simbólica. Se quisermos entender a língua da vida, temos que compreender um pouco mais a linguagem dos símbolos. Isso nos permite transitar um pouco pela mitologia e simbologia de vários outros povos na história.

Aqui, Mozart, embora diretamente inspirado pelo simbolismo maçônico, também se inspira em várias outras civilizações. A obra apresenta elementos do Egito, da Grécia e da alquimia medieval, prioritariamente. Perifericamente, há também alguns outros.

Wolfgang Amadeus Mozart era austríaco. Nasceu em Salzburgo, em 1756. Seu pai era músico e compositor. Muito cedo, aos quatro anos, começou a estudar cravo e mostrou-se um enorme talento.

Aos seis anos, fez sua primeira composição, e o pai começou a viajar com ele e a mostrar o seu pequeno *virtuose*, exibindo o filho pelos quatro cantos, orgulhoso de suas habilidades fora do comum.

Um dado importante em relação a essa obra é a data em que Mozart ingressou na Maçonaria, o que ocorreu em 1784, portanto, aos 28 anos. Nessa época, ele já apresentava algo além de seu fantástico, puro e simples amor pela música: uma identidade, ele e a música fundem-se em um único ser. Ele se expressava de maneira musical em todos os momentos, via música por todos os cantos e tinha também um grande interesse pelo conhecimento metafísico, pelo conhecimento simbólico, por algo além da pura vida cotidiana. Isso ele demonstrou, também, desde cedo.

A sua entrada na Maçonaria, portanto, mostrou a concretização dessa vontade de saber mais, ir além das aparências.

Sabe-se que ele morreu com apenas 35 anos de idade, em 1791. Sempre me pergunto o que teria sido para a humanidade a dádiva de mais uns 20 anos de vida para Mozart. O que teria sido? O que esse homem seria capaz de criar nesse período?

A perda não foi dele, que sempre encarou a morte com muita naturalidade. A perda foi nossa. O ganho, contudo, também foi nosso, pois o que ele foi capaz de produzir em uma vida tão curta é algo que marca, como a passagem de um meteoro.

Embora dizê-lo seja um pouco lugar-comum, nós sabemos o patrimônio que foi para nós a sua obra.

Mozart era um buscador do conhecimento, tinha um ânimo de aprendiz muito interessante. Queria entender melhor os bastidores da vida, o que estava por trás das cortinas. Tinha grandes sentimentos de amor e respeito ao próximo, uma vontade de contribuir com o mundo, e isso o levou à Maçonaria, como uma forma de aprender a servir melhor.

Ele tinha um traço curioso: reivindicava a independência total do artista. Era muito comum — e isso prosseguiu por muito tempo — que os senhores da época, os nobres, encomendassem determinadas criações de acordo com o modelo que pretendiam. Os artistas eram como criados, faziam aquilo que era encomendado, eram bem secundários. Quando iam se apresentar nas casas desses senhores, comiam na cozinha, junto com os criados, eram tratados como servos.

Apesar da sua necessidade financeira, Mozart não se rendia a esse tipo de coisa e teve uma vida muito árdua. Quando morreu, foi enterrado em vala comum, porém nunca se rendeu a vender a sua música no sentido de só fazer aquilo que era encomendado.

Ele exigiu para si essa liberdade de expressar aquilo que o seu gênio mandava. Fez, sim, músicas por encomenda, mas também fez muita coisa que libertava aquilo que ele pretendia dizer. É, portanto, um pioneiro, um grande atrevido nesse aspecto.

Não se sentia inclinado a dar aulas, o que era outra coisa complicada, pois era uma das formas de um músico garantir sua sobrevivência. Os senhores abastados colocavam os seus filhos para estudar música, muitas vezes, sem que tivessem nenhum talento ou interesse. Mozart não aceitava esse tipo de aluno, exigia que o aprendiz tivesse alguma coisa do dom, alguma coisa do gênio, amor profundo à música, uma dose de criatividade, de entrega. A esses, ele se entregava e era um excelente professor. Aos outros, não. Ou seja, mais uma fonte de sobrevivência que era cortada. Ele não aceitava ensinar música para desinteressados.

Compor era sua vocação. Isso é bastante interessante, porque ele tinha um sentido de missão naquilo que fazia. Dava a isso um sentido de valor e de importância. Sabia que a música era sua missão, seu sentido de vida. Isso é indubitável em várias declarações bem conhecidas que fez em vida.

Tinha uma postura bastante interessante sobre a morte. Eu acho curioso, pois nunca ouvi falar que Mozart tivesse contato, por exemplo, com a filosofia estoica romana, como a de Marco Aurélio, o grande imperador. O que ele diz aqui é muito parecido com o que dizia Marco Aurélio: devemos tomar a morte como conselheira e imaginar: "se eu fosse morrer amanhã, o que estaria fazendo agora? Como seria o meu dia de hoje?". Essa pergunta convoca-nos a dar o nosso melhor no dia de hoje, a buscar a perfeição.

Mozart dizia que todos os dias, antes de dormir, imaginava como se o amanhã fosse o seu último dia, então tentava dar o seu melhor a todos, para deixar algo de eterno, diariamente, ir até os seus limites. Isso fez com que esses seus limites, esse seu melhor, ainda repercutissem com tanta intensidade, mais de 200 anos depois da sua morte.

A CRIAÇÃO DE A FLAUTA MÁGICA

Aprofundemo-nos agora no modo como a obra foi criada. Todos sabem que ele toma um libretista, Emanuel Schikaneder, que, por sua vez, também se inspirou em diversos elementos na composição. Em sete de fevereiro de 1785, resolveram escrever e compor essa peça, que, a princípio, não era propriamente uma ópera. Na Alemanha, era chamado de *singspiel*, que significa, literalmente, "falar cantar". É como se fosse uma obra falada e cantada. Hoje é considerada uma ópera, mas, a princípio, era um *singspiel*.

O libreto, como já falamos, era de um amigo que também era maçom. Como ambos demonstravam uma grande curiosidade pelos mistérios e símbolos maçônicos, pactuaram fazer uma obra eminentemente maçônica, misteriosa, simbólica. Assim o fizeram.

Embora o libreto estivesse nas mãos de Schikaneder, sabe-se que Mozart, de vez em quando, interferia, dava uns palpites, e que colaborou também na escrita desse libreto e fez uma música especial, a um ponto tal que prescinde de palavras para demonstrar as emoções dos personagens, usa de uma inovação fora do comum e faz algo extremamente intenso.

Pena que não esteve vivo dois meses após a estreia, para ver o sucesso da sua obra. Ela estreou em trinta de setembro de 1791, em Viena. Mozart morreu em cinco de dezembro. A obra esteve em cartaz durante um ano e foi um sucesso estrondoso — continua sendo, até hoje. É um dos clássicos mais representados no mundo.

Como dito anteriormente, Schikaneder tinha o apoio — e aparentemente a influência — de um outro companheiro maçom, Karl Ludwig Giesecke. Ele, Schikaneder, inspira-se em um conto de fadas da época, *Lulu* (ou *A Flauta Mágica*), de August Jacob Liebeskind, escrito algumas décadas antes. Os elementos mágicos da obra podem ter sido inspirados em uma peça chamada *Megära*, de Philipp Hafner, e também em um romance maçônico chamado *Séthos*, de Jean Terrasson.

Não se sabe em que mais eles se inspiraram. Na verdade, há traços no meio da ópera que lembram bastante, por exemplo, a mitologia grega, claramente referenciados. Era natural que também constasse a alquimia medieval, pois era muito estudada dentro da Maçonaria. Às vezes, a obra parece evocar outras mitologias em paralelo. O conjunto de elementos que contribuíram para essa inspiração não é totalmente conhecido, mas, fundamentalmente, está associado aos elementos estudados dentro da Maçonaria.

É interessante que Mozart tenha dito que se a ópera resultasse em um fiasco, não poderia fazer nada a respeito, pois nunca havia composto uma ópera mágica. Ele mostrava, portanto, certa apreensão, afinal, aquilo era uma demonstração de um território que ele ainda estava sondando e que nunca tentara expressar por meio da música.

Muitas vezes, suas peças anteriores são cômicas; muitas vezes, de fundo histórico, mas, simbólica a esse ponto não houve precedentes. Ele nunca havia tido a experiência de escrever uma obra em que cada linha representasse algo além da própria música ou uma historinha banal.

Cartaz da primeira exibição de A Flauta Mágica, *realizada em trinta de setembro de 1791 no* Theater auf der Wieden.

Monomito

Um elemento prévio de caráter filosófico que eu gostaria trazer é: todo mito, na verdade, trata de um único personagem — o ser humano. No caso, *A Flauta Mágica* é a história de Tamino, o personagem central. Aristóteles, ao escrever sobre a arte poética, cita isso: o mito tem um único personagem, o ser humano, e tudo o mais são fatores psicológicos, morais, espirituais, todos os elementos que ocorrem à sua volta para fazê-lo crescer, personificados em outros personagens que representam os fatores internos do ser humano, com os quais ele está lidando e são, portanto, projetados externamente.

Então, como dizia Aristóteles, todos são elementos secundários, porque tudo é secundário em um mito, com exceção do seu protagonista. São simplesmente elementos que provam o aspirante no caminho da sabedoria.

Joseph Campbell também fala sobre isso no Monomito.

Monomito é uma estrutura circular na qual o homem volta ao ponto de partida com mais consciência do que quando partiu. De forma resumida: ele recebe o chamado, resiste a ele, acaba sendo convocado, aparece o seu mestre, há a recusa, o mentor, o primeiro limiar, depois um segundo limiar, as provas finais, o renascimento e a volta ao mundo comum, mas em um outro patamar de consciência.

Ou seja, Joseph Campbell, com bastante criatividade e êxito, representa essa estrutura que Aristóteles quis descrever — a jornada do herói. O caminho do protagonista de um mito.

Na verdade, todos esses elementos exteriorizados são projeções de um momento de crescimento. Soou uma campainha, soou um sino dentro dele dizendo: "É momento de crescer", e desatou todo esse processo. Os personagens externos são representações desses personagens internos. É como se fosse uma espiral, em que ele volta ao ponto de partida, mas com uma consciência cada vez mais elevada. Essa espiral vai afunilando até chegar ao ápice, àquilo que na mitologia Celta era representado por uma estrela de cinco pontas, o Homem de Vitrúvio, o nascimento do Quinto Elemento, o despertar da razão ao impor-se sobre os quatro elementos da personalidade — os corpos físico, energético, emocional e mental prático.

Esse *cinco* que coroa a espiral representa o encontro da sabedoria plena. Os mitos, em geral, estão estruturados com essa ideia, o homem caminhando e voltando ao ponto de partida. Logo há outro chamado, e começa outro círculo, até que se chegue à plenitude da condição humana.

A SERPENTE

A história de *A Flauta Mágica* tem referências a várias mitologias. Sobretudo o Egito, pois o enredo estrutura-se como se fosse passado nas vizinhanças de um templo egípcio.

As referências à alquimia medieval são também muito claras. Eventualmente, há referências à mitologia grega e alguns ecos celtas. Muita coisa gira em torno disso.

Para o Egito, a serpente é o Uraeus. Claro, existem outros simbolismos, outras serpentes em outros papéis, como Apófis, que é uma outra coisa. Entretanto, é preciso considerar o enredo, a maneira como essa serpente é colocada. A serpente, ou dragão, que vem perseguindo o príncipe Tamino no início da história representa, provavelmente, o mesmo que o Uraeus utilizado pelos faraós em sua fronte. Ela representa o momento do despertar da sabedoria. Então, é como se a sabedoria corresse atrás de Tamino, seja na sua forma de serpente, que desperta essa visão espiritual, seja na forma de dragão, que é o senhor do fogo (muito associado a esse brilho mental, vertical, de uma mente superior, iluminadora, pura). O fogo também está associado à sabedoria. O fogo é o Quinto

Elemento. É a mente pura, altruísta, daquilo que os indianos chamavam de Manas.

Portanto, ser perseguido por um dragão ou por uma serpente, nesse contexto, significa "a sabedoria andava atrás dele". Era o momento de despertar. Ele já tinha tido algum contato com essa sabedoria, ainda a temia. Isso é realmente o que acontece.

Há um livro indiano maravilhoso chamado *Bhagavad Gita* que diz exatamente isso, que se um dia surgisse um *pandava* adulto e armado diante de nós, teríamos o terror dele, pois a nossa verdadeira identidade, o nosso destino como seres humanos plenos, não admitiria de forma alguma a maneira como vivemos hoje. Então, muitos dos nossos caprichos e das nossas inércias teriam que ser banidos. É como se fôssemos ao futuro e contrastássemos cada um de nós, já em sua plenitude, com o que somos hoje. Teríamos medo disso, ficaríamos assustados.

Então, o que faz Tamino fugir da serpente ou do dragão é, provavelmente, esse medo. E o medo da sabedoria, evidentemente, vai jogá-lo no reino da Rainha da Noite.

Uraeus, o adorno em forma de serpente utilizado pelos faraós em sua testa.

O reino da Rainha da Noite

Diz-se que o pai de Tamino já preconizava isso, que se ele quisesse um dia crescer — e teria que crescer —, precisaria passar pelo reino da Rainha da Noite. Teria que entrar, mergulhar nele e superá-lo. Na tradição alquímica, isso é a *Obra em Negro*.

Na alquimia, a transformação do ser humano passa por uma primeira etapa, que é descer aos subterrâneos da sua consciência — a *Obra em Negro*. Ali estão todos aqueles bichinhos que dominam você, que não são maus, mas não foram feitos para dominá-lo. Essa obra diz respeito a disciplinar os seus instintos, seus impulsos, sua cólera, seus desejos desmesurados; todo esse instinto animal, que não é mau, serve para a sua sobrevivência, mas não foi feito para dominar sua vida. Carl Jung fala sobre isso de uma maneira maravilhosa, a partir da chave psicológica da alquimia.

Tamino teria que passar pelo reino da Rainha da Noite, e isso já estava previsto. Ele foge da luz, da serpente e do fogo, e cai exatamente no reino da Rainha da Noite. Quando chega a esse local, encontra as três damas de companhia da Rainha da Noite.

Ao mesmo tempo em que estava correndo dessa serpente (ou dragão), a princesa Pamina, que nada mais é do que a sua contraparte, a sua alma, havia sido raptada pelo Templo de Sarastro, templo egípcio que representa a sabedoria. Ou seja, ele temia, mas a sua consciência já tivera contato com isso. Tamino e Pamina constituem um único ser. Sua consciência já havia tido contato com esse mundo da sabedoria e agora estava prisioneira dele. Ele temia, mas não conseguia libertar-se tão facilmente.

É como imaginar que um dia você teve contato com algo muito belo. Nunca mais esquecerá que o ser humano pode chegar a criar coisas tão elevadas assim. O contato com as coisas elevadas marca, para nós, nosso teto de possibilidades. É muito difícil de esquecer. Especula-se até que Leonardo Da Vinci disse uma coisa parecida, que "uma vez que estivestes no céu, andarás pela Terra sempre olhando para cima e relembrando desse ponto de encontro". Então, Pamina, que nada mais era do que a sua alma, sua consciência, já havia tido esse contato e sido raptada pelo templo da sabedoria de Sarastro.

Nesse momento de choque, ele desmaia, como se fosse uma primeira prova, um primeiro renascimento. Isso é muito comum dentro dos mitos. Ele perde os sentidos quando entra nesse reino da Rainha da Noite. As três damas vestidas de negro, as três damas da Rainha da Noite, conseguem matar, combater essa serpente-dragão. Não matam a percepção da sabedoria, mas conseguem, naquele momento, reprimi-la, para que Tamino tome fôlego e possa repensar, assim, o atrairiam para o reino da Rainha da Noite. Mais do que isso, para colocá-lo a serviço da Rainha da Noite.

Então, elas não matam propriamente, mas aplacam, espantam, porque não há como matar completamente o chamado para a sabedoria que existe na vida de um homem.

As três damas de negro combatem a serpente que persegue Tamino. Estampas Liebig, autor desconhecido, 1909.

Os dois triângulos

Eu gostaria de chamar a atenção para um elemento interessante, que é um símbolo muito constante em várias tradições e fala a respeito do ser humano: um triângulo voltado para cima, ligado por um fio a um triângulo voltado para baixo. O triângulo voltado para baixo representa essa nossa parte "eu animal", voltada apenas para a sobrevivência, a mais prazerosa possível, constituída pelo nossos corpos físico, energético, emocional, e por essa mente mais prática, cotidiana, que serve ao emocional. Existe um triângulo voltado para cima, que é o triângulo espiritual, representado por essa mente pura altruísta, luminosa, em busca da sabedoria. Um componente que na Índia chamam de *Buddhi,* que é uma percepção, uma intuição, e um componente que chamam de *Atma*, o nosso elemento da vontade, de determinação, a centelha divina em nós.

O homem seria uma combinação desse triângulo superior com o triângulo inferior ligados por um fio, o fio da consciência. É curioso porque há duas trindades muito presentes nessa história: uma representando esse triângulo invertido, e a outra representando o triângulo superior.

A trindade do triângulo invertido são essas três damas. As damas da noite, as damas de companhia da Rainha da Noite, sempre vestidas de negro, sempre meio sombrias. E existe um triângulo superior, que são três crianças, três meninos que aparecem, às vezes, voando. Estão sempre incentivando a subida da consciência, o prosseguimento na jornada.

É sabido que esses dois estarão o tempo todo lá. A própria Rainha da Noite o prevê, porque o mundo é dual. Haverá chamadas para um lado e para o outro. Então, a própria Rainha da Noite prevê que ele será acompanhado por esses três espíritos, embora isso não fosse desejável para ela própria, pois pretendia manter Tamino preso no Reino da Noite. Ela sabia, entretanto, que esses seres também se manifestariam.

O mundo de Papageno

Prosseguindo a história, as damas combatem o dragão-serpente e salvam Tamino, ou seja, puxam-no para servir à noite. Quando ele desperta, não vê as damas, mas Papageno. Esse personagem é curioso: era um caçador de pássaros, normalmente vestido de verde, com um monte de penas grudadas na sua roupa. Tamino abre os olhos e vê Papageno. É bem óbvio — ele entrou em um mundo muito material, muito denso. Nesse mundo, reina Papageno.

Para viver nesse mundo, é preciso ser um pouco Papageno. Um homem alegre, irresponsável, que não quer nada além de comer, dormir bem na sua casinha e ter uma Papagena, ou seja, alguém que lhe dê carinho, alguém que o ame. Um homem banal, o que é típico do homem que vive preso no reino da Rainha da Noite e que tem uma grande identidade com pássaros. Em breve, veremos a razão disso.

Quando ele acorda e vê Papageno, pensa que foi este que o libertou e matou a serpente. Papageno confirma. Fala demais — o seu nome vem de *papagaio* —, de maneira inconsequente, o que é típico desse homem comum, que vive só pela sobrevivência confortável e prazerosa.

Logo vêm as três damas e castigam-no pela mentira. Fecham a sua boca com o cadeado de ouro e dizem que elas, sim, é que tinham salvado o príncipe Tamino. Simbolismo interessante, não é? Por que um cadeado de ouro?

Não à toa Mozart mostrava-se inseguro, pois o que ele quis construir foi a estrutura de um mito, uma coisa muito complexa, porque não existe absolutamente nada em vão. Em um conto de fadas que herda muitos elementos do mito, como o conto da Branca de Neve, por exemplo, faz sentido que a personagem principal tenha os cabelos negros, a pele branca como a neve e os lábios vermelhos como o sangue. São as três etapas alquímicas: a *Obra em Negro*, a *Obra em Branco* e a *Obra em Vermelho*.

Nada é vão, nada é por acaso dentro de um mito. Portanto, também não é por acaso que esse cadeado de ouro tenha sido colocado na boca de Papageno.

Papageno é um homem comum. Embora não seja mau, é simples; é alegre, bem-intencionado, mas é um homem comum e que vive por recompensas. Quer receber alimentos, carinhos e amor de alguém, e é como se as damas da noite tivessem imposto o seu silêncio, comprado o seu silêncio a peso de ouro. Ou seja: "Fique quieto. Aqui quem manda somos nós. Não é você que vai receber o mérito por essa façanha, mas nós".

Na verdade, Papageno e Tamino também são um único personagem. Nós temos aí três elementos que são um só — Tamino, Pamina e Papageno.

Papageno é a sua personalidade mortal, banal, que quer simplesmente sobreviver. Quando ele entra no reino da noite, é Papageno que começa a ser ativo, é Papageno que vai acompanhá-lo. Papageno é protagonista nesse mundo. Tamino está meio adormecido, não há um papel muito claro para ele.

Portanto, uma das maneiras de fazer com que Tamino ficasse preso ao reino da noite era comprá-lo com ouro, prometer a ele alguma compensação para ficar ali. Até isso é dotado de um sentido.

As damas, automaticamente, mostram a esse príncipe o retrato da filha da Rainha da Noite, a princesa Pamina, e ele se apaixona perdidamente por ela.

Apenas para falarmos um pouquinho mais sobre Papageno, há alguns elementos interessantes. Para a tradição grega — e aqui fica claro que há influências da tradição grega bem perceptíveis —, o ser humano seria composto de um mundo físico, um mundo energético, um mundo emocional e o mundo mental (na Índia, fala-se muito sobre isso também). Esses quatro mundos, em geral (a alquimia medieval também trabalhava muito com isso) são associados aos quatro elementos.

Portanto, o mundo físico, esse do corpo, das coisas materiais à nossa volta, está associado ao elemento *terra*. O elemento energético, o corpo energético do homem, que o vitaliza, que os indianos chamam de *prana*, está ligado ao elemento água. O corpo é constituído por nossas emoções, que geram carência, solidão ou vontade de ser amado a qualquer preço, e está representado pelo elemento ar.

A mente está associada ao elemento fogo, como já foi dito quando abordamos o tema do dragão/serpente.

Vejam que Papageno é um personagem bem estranho, porque é totalmente identificado como pássaro. Ele é um caçador de pássaros, os quais troca por comida, e veste-se como se fosse um pássaro. Ou seja, ele está ligado ao elemento ar, ao plano emocional. Ele não passa daí, sua consciência não vai além, como ele declara mais adiante. Não tem nenhum interesse na sabedoria, quer apenas a sua casinha, boas comidas e uma Papagena para amá-lo e gerar muitos Papageninhos. Ele não quer mais do que isso. O teto da sua consciência é o plano emocional, ou astral, como se costuma chamar também. Portanto, é um típico morador do reino da Rainha da Noite.

Nós temos a mesma visão desses dois mundos: acima, a serpente, e abaixo, o Papageno. É possível, portanto, ver Tamino dividido entre dois mundos. Acima, o mundo de fogo que o espera no Templo de Sarastro; abaixo, o mundo da Rainha da Noite, onde está reservada a ele uma vida de Papageno.

Emanuel Schikaneder como Papageno. Ilustração de Ignaz Alberti para o primeiro libreto de A Flauta Mágica, *1791.*

Da ignorância para a sabedoria

A Rainha da Noite, quando vê a reação de Tamino ao retrato da princesa Pamina, aproxima-se. A reação de Tamino é de uma paixão súbita, enorme. Ele se enfurece por saber que a tinham levado, pois sabe, percebe que ela é dele, sempre foi, apaixona-se loucamente. Aí aparece, pela primeira vez, a Rainha da Noite e canta a sua ária. É curioso que Mozart a tenha criado para esse momento da obra, porque há um contraste muito grande entre o tom que ela então utiliza e o tom que usará na famosa ária da Rainha da Noite, totalmente colérico e enfurecido. Mostra sua capacidade de disfarçar, de mostrar-se sedutora e sofrida quando necessário. Ou seja, mostra as tramas, as vozes da noite. Quando a noite, com seus interesses, é ignorância. Quando a noite, com os seus interesses, com os seus jogos, pode mostrar-se muito sedutora ou muito violenta.

Basicamente, o elemento de partida dessa história (essa e todas as histórias míticas tratam de um único tema) é a saída do homem da ignorância para a sabedoria.

Essa história, e todas as outras histórias tratadas pelo Monomito de Campbell e pela mitologia, falam da jornada do homem da ignorância à sabedoria.

Tudo o que é obscuro é associado ao reino da Rainha da Noite, porque é associado à ignorância. Isso é um símbolo. Inclusive, mais à frente, discorreremos sobre Monostatos, que era um homem obscuro. Não era tanto a cor da pele que era considerada, ele era um mouro, mas a obscuridade do seu caráter é que era levada em conta. Portanto, ele acaba associando-se à Rainha da Noite.

Não sejamos literais. É uma das piores coisas a fazer ao analisar um mito. Uma das piores coisas que se pode fazer ao interpretar uma história de linha mítica é tomar as coisas ao pé da letra. Isso nos torna rasos demais.

Temos que aprender a ler simbolicamente a nossa vida e, consequentemente, a vida dos mitos. Se existe uma coisa que enlouquece um filósofo é ouvir alguém dizendo que o príncipe, ao beijar a Branca de Neve, estava cometendo assédio sexual, quando, na verdade, o simbolismo do Príncipe beijando a Branca de Neve é o mesmo simbolismo da Criação de Adão na Capela Sistina. É o divino, é o sagrado que existe em nós despertando-nos da matéria, elevando-nos da horizontalidade da matéria, da horizontalidade das águas. Não se deve tomar as coisas ao pé da letra.

Temos aí uma dupla chave, presente em vários mitos: a obscuridade da ignorância e a luminosidade da sabedoria. A história toda desencadeia-se com o embate entre os dois mundos, exatamente o que acontece dentro e fora de nós. Platão dizia que somos todos uma mistura de ambos. Cuidado, portanto, com o maniqueísmo, os "bonzinhos" e "mauzinhos". Isso é só um símbolo. Dentro de nós existe uma parcela de luz e uma parcela de treva, e existe algo em nós que é como Tamino, sempre fugindo da luz, mas, em um determinado momento, é obrigado a confrontá-la. A sua consciência toca esse mundo luminoso e enamora-se dele, que é obrigado então a enfrentar essa nova dimensão.

A rainha, dessa maneira tão contundente, relata o suposto rapto da sua Pamina, todo o seu sofrimento, toda aquela cena lacrimejante de como levaram Pamina dos braços da mãe, e diz que, se ele conseguisse resgatá-la e trazê-la de volta, teria a mão da sua filha.

Um elemento que procurei bastante, porque gosto de fazê-lo, mas que tive certa dificuldade de encontrar com precisão, foi a etimologia dos nomes de Tamino e de Pamina. Evidentemente, Mozart deve ter se inspirado em algum canto. Ou ele, ou o libretista. Contudo, fizeram uma combinação um pouco difícil de encontrar em línguas antigas. Há quem diga que Tamino vem do grego *tamias,* que significa "senhor, mestre". Ele seria, portanto, um pequeno senhor, um pequeno mestre, um pequeno rei, aquele que ainda está engatinhando no caminho da soberania sobre a sua própria vida. Pamina, que é a sua contraparte, seria a mesma coisa. A pequena senhora, a pequena rainha, a pequena mestra, porque os dois, na verdade, são um só. Ela é a sua contraparte.

É provável que seja isso. É um homem com vocação de soberania, de reinar sobre si próprio, mas que ainda é pequeno, inocente, ainda sujeito aos erros e às armadilhas da Rainha da Noite, do reino da noite, do reino da ignorância.

Fica decidido, então, que Tamino partiria em direção ao Templo de Sarastro para recuperar a sua princesa. Entretanto, também fica decidido que ele levaria Papageno consigo. É evidente, não é? É muito provável que ele era a consciência mais elevada dentro do homem, o ponto mais nobre. Teria que levá-lo porque, sem ele, se fosse para lá, não voltaria mais.

Então, Papageno é um contrapeso que o traz de volta, garante a sua volta ao mundo da noite, porque Papageno não quer nada que aquele mundo luminoso tem a oferecer. Ele tem que estar ativo, tagarelando no ouvido de Tamino, relembrando o passado, puxando-o de volta, ainda que inconsciente disso, porque Papageno não apresenta maldade naquilo que faz, mas está totalmente identificado com um mundo limitado, de teto muito baixo. Então, naturalmente, tudo que ele faz é nessa direção.

Eles vão, mas optam por ir separados. Cada um vai por um caminho, até se encontrarem lá. Isso é interessante porque, antes de saírem, recebem instrumentos musicais, dos quais falaremos adiante: o conjunto de sininhos de prata, que é dado a Papageno, e a flauta de ouro, a flauta mágica, que é dada a Tamino.

O Palácio da Rainha da Noite, cenografia para A Flauta Mágica *por Karl Friedrich Schinkel, 1815.*

Pamina e o Feminino

Antes de aprofundar-me nos instrumentos musicais (a flauta de ouro e os sininhos de prata), eu gostaria de comentar um pouco mais sobre o personagem de Pamina.

É muito comum essa ideia de o feminino dentro dos mitos representar a alma, a consciência adormecida, que teve que ser resgatada, desperta. É muito comum essa dualidade entre o ser humano e a alma que deseja recuperar[1].

Agora, o que vem a ser a alma, fora de um contexto teológico, em um contexto filosófico? O que é a alma?

Alma vem de *anima*, aquilo que movimenta, motiva, anima o homem. A alma funciona como um elevador. Se, por exemplo, alguém pisa no seu pé, a sua alma, consciência, vai para o seu pé e identifica-se totalmente com essa dor. Se, em um determinado momento, você começa a sentir cansaço, a alma vai totalmente para esse terreno das energias. Em um outro momento, você sente saudade de alguém, e ela sobe para o plano emocional. Se em certo momento você tem um

1 Um bom exemplo do feminino representando a alma está no poema *Eros e Psiquê*, de Fernando Pessoa.

pensamento altruísta, um pensamento de preocupação para com a humanidade, de desejo de somar no mundo, todas essas coisas que caracterizam uma mente mais elevada, a sua alma foi para esse ponto.

Já há uma consciência de Tamino: era Pamina. E ela, nesse momento, estava raptada no reino superior. É muito interessante, dentro da representação grega, a imagem do deus greco-romano Hermes (Mercúrio).

Ele anda com um bastão na mão, que nada mais é do que três círculos entrelaçados. São duas serpentes — há uma história para isso — que se entreolham lá em cima e fazem três círculos. Isso é a representação do homem. O *soma*, que é a sua parte mais física, que reúne corpo físico e as energias; a *psiquê*, que reúne o plano emocional e essa mente prática, essa mente inferior; e o *nous*, que é o mundo espiritual, o mundo noético, onde residem os grandes ideais, a percepção superior e uma vontade férrea, tudo aquilo que o homem tem de mais elevado. Para todas essas tradições, a consciência nasce do contraste.

Isso é interessante que se entenda. Por exemplo, se o mundo inteiro fosse de uma única cor. Se tudo fosse vermelho, em todos os lugares do mundo, eu não teria consciência do vermelho. Tenho consciência do vermelho porque há também outras cores e, no contraste entre elas, percebo-as.

Isso, em relação à música, é conhecido. Sabe-se que Pitágoras dizia que o tempo todo soa uma nota musical no universo. Acho que não a percebemos porque ela não tem intervalos, e sem intervalos entre o som e o silêncio não há o contraste, não há a consciência. Trataremos disso, inclusive, mais adiante.

Portanto, quando existe um contraste entre o mundo de Sarastro — que é o mundo de Sabedoria, o mundo do dragão e da serpente —, e o mundo onde residia Tamino, onde ele andava ainda inconsciente; no contato, a consciência percebe que existe outra possibilidade. Percebe que existe outra dimensão, que a sua necessidade de conhecê-la faz com que ela fique mais ou menos presa, e aí ela não se esquece mais.

Percebi que existe uma outra possibilidade de vida. Isso agora vai me tensionar eternamente. Eu tenho que saber o que é isso. Em um momento, tive contato. Do contato, nasceu a consciência. É a consciência desperta para um mundo superior, é Pamina presa no Templo de Sarastro.

O caduceu, bastão utilizado pelo deus greco-romano Hermes (Mercúrio), que traz as serpentes entrelaçadas formando três círculos.

Sobre Sarastro

É interessante o nome Sarastro, inclusive. Esse é mais óbvio — não é muito difícil imaginar que Mozart, Schikaneder e quem mais os tenha influenciado, inspirou-se no nome de Zoroastro, o grande mestre persa. Quando puder, leitor, leia sobre a vida desse grande mestre, que é para o mundo persa o que foi um Buda para o mundo indiano, chinês, o que é um Cristo para a cristandade — um mestre de sabedoria.

Zoroastro tinha uma característica muito interessante. Ele não tinha nenhum poder especial, era simplesmente um homem capaz de utilizar a sua boa mente. Um dia, ele encontrou um anjo, chamado Vohu Manah, que lhe disse que ele seria um emissário da vontade de Deus aos homens. Ele replicou: "Mas, como assim? Eu não tenho nenhum poder." Ouviu, então: "Você tem um único poder que é necessário: uma boa mente. Uma mente desenvolvida e voltada para servir ao bem. E isso todos os homens têm latente entre si, dentro de cada um. E você vai realmente ensiná-los a despertar esse potencial, esse poder 'paranormal', porque é mais do que normal, que é a sua boa mente". *Vohu Manah* significa precisamente *a boa mente*. Portanto, a mente lúcida, luminosa, que trabalha para o bem.

Então, é muito interessante que isso seja associado a Sarastro, que trabalhava exatamente para a luz. Luz como lucidez, sabedoria, a boa mente; como o fogo, desperto e luminoso, transmutador.

Portanto, eu acho indubitável que o nome de Sarastro tenha vindo de Zoroastro. Não houve, na época do Renascimento, um reconhecimento, uma tradução, inclusive por parte de Marsílio Ficino, dos oráculos caldeus, que, embora estejam mais ligados à Mesopotâmia, falavam muito também de Zoroastro e dos mistérios desse mundo persa babilônico.

Isso ainda ecoava na história em pleno século XVIII. Então, é muito provável que Sarastro esteja associado a Zoroastro. E ele é o senhor desse mundo luminoso.

Os sinos de prata e a flauta de ouro

Quanto aos os sinos de prata e a flauta de ouro, também não é muito difícil utilizarmos uma chave simbólica, que serve, inclusive, para qualquer outra coisa que se leia, desde que se analise o contexto para ver se é apropriado, porque nenhum símbolo é absoluto. A prata, evidentemente, está associada à Lua, ao mundo lunar, ou seja, noturno, enquanto o ouro está associado ao Sol, ao mundo solar, diurno, luminoso. Em muitos mitos, isso nada mais é do que uma representação de que, às vezes, não é mau esse aspecto noturno. Não é mau esse aspecto lunar quando ele trabalha associado ao aspecto solar.

Há um detalhe muito interessante: de quem Pamina era filha? De um antigo sacerdote do mesmo templo de Sarastro, que o antecedeu. Ou seja, um sacerdote da luz. Ele era casado com a Rainha da Noite. Esta é anônima, meio abstrata, representa tudo aquilo que mantém a ignorância.

Esse mundo material já esteve, um dia, associado à luz, e procurava, na medida do possível, trazê-la para dentro do seu mundo escuro. É possível que o mundo material associe-

-se. Que a ignorância não seja má, não seja pejorativa. Seja ignorância daquele que ignora, mas quer saber, e não uma ignorância com instinto de conservação, que odeia a luz.

Os sinos de prata do nosso amigo Papageno são capazes de puxar as pessoas, os animais, seja o que for, para ter uma grande alegria, uma euforia com as coisas da vida com o mero sobreviver. Então, paralisam a agressividade, são uma forma de segurança. Atraem e harmonizam aquilo que é próprio da vida comum, da vida material. Ele vai gerar muito esse efeito, por exemplo, quando toca os seus sinos para Monostatos e os outros escravos do templo. Todo mundo começa a sentir-se muito alegre e a dançar. É uma maneira de apaziguar as dificuldades, de abrir o caminho.

A flauta de ouro que Tamino leva harmoniza nos seus orifícios os sete mundos do homem, as sete dimensões que nós vimos ainda há pouco. Ela harmoniza e abre caminho em um plano espiritual. Eles precisavam dos dois porque precisariam entrar no templo para pegar Pamina. Precisavam de algo que abrisse passagem onde houvesse escuridão e de algo que abrisse passagem onde houvesse luz. Então, os dois vão com essas ferramentas, que são como elementos para abrir caminho até chegarem ao seu objetivo.

Eles se separam e vão, e quem chega primeiro é Papageno, que chega exatamente no momento em que Monostatos, um escravo mouro de Sarastro, tentava molestar Pamina. Estava loucamente apaixonado por ela. É interessante porque ele sentia desejos por ela, mas ele mesmo diz na letra de uma das árias que sabia que eles não se pertenciam. A sua afinidade era com um mundo de escuridão, o mundo da Rainha da Noite, enquanto ela era pura luz. Talvez ele a desejasse porque a invejava, talvez porque sonhava com o mundo onde ele não estava preparado para entrar. Por alguma razão, o luminoso atrai muito o obscuro, ou com o sentimento de possuí-lo, ou com o sentimento de destruí-lo. Ele se sentia enfeitiçado pela beleza de Pamina. Estava tentando profaná-la, agredi-la, quando chega Papageno, vestido como um pássaro, de verde.

A princípio, os dois se assustam demais um com o outro. Isso é bem interessante, é um grande susto. O próprio Papageno depois diz: "Não sei por que me assustei tanto". Eles se assustam porque representam, na verdade, mais um jogo de dualidades. Em um caso, temos Papageno, todo vestido de verde. Ou seja, ele serve às leis da natureza, mas não tem maldade, não tem nenhum dolo nele. Simplesmente quer viver bem, é inocente. É o momento de ele viver as coisas da natureza, por isso é verde. Está identificado com esse mundo. Absolutamente ignorante e despreparado para a sabedoria, mas não tem maldade, não tem mácula, enquanto Monostatos é totalmente despreparado para esse mundo luminoso, mas já é dotado de maldade, pois já tem esse elemento de invejar, de querer destruir tudo aquilo que é luminoso.

Ou seja, os dois são duas facetas da ignorância. A ignorância pura e a ignorância dolosa, aquela que já quer destruir a luz, que nós vimos ao longo da história muitas vezes. Aquele que ignora por pureza, ou porque não é o seu momento, por ingenuidade, e aquele que ignora porque quer ignorar e odeia qualquer um que sirva à luz. Então, é um confronto em que os dois assustam-se um pouco um com o outro.

Papageno, então, consegue interromper esse momento e tenta fugir com Pamina, mas Monostatos vem com outros.

Papageno com Pamina cantam uma ária belíssima que é, reconhecidamente, uma das partes mais bonitas da obra. Monostatos vem com os escravos e tenta capturá-lo, e Papageno toca então os seus sinos, faz a dobrada dos seus sininhos mágicos, e todos começam a sentir grande alegria, a dançar e a sentir. Nunca ouviram uma música tão alegre. Assim, ele e Pamina escapam de ser capturados por Monostatos.

À esquerda, Tamino (com a flauta) e Pamina no Templo de Sarastro. À direita, Papageno com os sinos. Estampas Liebig, autor desconhecido, 1909.

O nome Monostatos

Uma coisa interessante, a qual procurei bastante para tentar entender, é de onde Mozart ou o libretista tiraram o nome de Monostatos. A referência que encontrei é de uma palavra no nosso vocabulário: *monostático*. Trata-se de uma palavra que existe e com a qual, certamente, Monostatos tem parentesco. *Monostático* é um objeto geométrico que só consegue ficar estabilizado em uma de suas faces. Ele só tem uma face, um pedaço onde se estabiliza. Por exemplo, se eu tivesse um cubo na mão, em qualquer face sobre a qual eu o repousasse, ele se estabilizaria, ficaria equilibrado.

Imagine, em contrapartida, um objeto geométrico[1] em que só exista um ponto de estabilidade. Em todos os outros, ele é instável, não se equilibra em nenhuma das outras facetas, só naquele ponto. Por isso, Monostatos, monostático. Acredito que possa ter algo relacionado — embora seja um mero palpite — porque Monostatos equilibra-se em uma única coisa, que é um desejo desenfreado, uma paixão louca,

---

1 Tal objeto de fato existe, chama-se *gömböc*, criado pelos cientistas húngaros Gábor Domokos e Péter Várkonyi.

violenta. Esse é o único ponto que o movimenta. Ele tem a sua base de apoio consciente aí. Não é como o Papageno, que queria alguém que o amasse reciprocamente, queria viver na sua casinha, ter uma boa comida e acabou. Não, ele tem uma obsessão, e acho que a obsessão é bem monostática, apoia-se em um ponto só. E ele queria esse único ponto, queria Pamina. Ou seja, ele é um pouco obcecado.

Monostatos e Pamina. Estampas Liebig, autor desconhecido, 1909.

As provas em A Flauta Mágica

Enquanto isso, nós vemos que Tamino também chega às portas do templo. As três crianças —que várias vezes aparecem e acompanham-nos — falam com ele. Indicam que ali está entrada (na verdade, são pórticos de três templos) do local onde ele encontraria Sarastro. Tamino pergunta: "Eu encontrarei Pamina?". "Bom, não podemos dizer isso. Isso é seu mérito"[1]. Recitam a ele um verso. Para quem conhece o libreto, os meninos dizem o seguinte:

"O caminho leva ao teu destino.
Hás de vencê-lo virilmente.
Escuta, pois, o nosso ensino.
Sê firme, calado e paciente"[2].

---

1 Alguns diálogos aqui apresentados são adaptações livres do texto original. As citações de fato, quando apresentadas, serão sinalizadas.

2 MOZART, Wolfgang Amadeus; SCHIKANEDER, Emanuel. *A flauta mágica*. Tradução por Renato Icarahy. Rio de Janeiro: Relume-Dumará, 1991.

Tamino dominava muito bem aquela flauta mágica. Sabia gerar sons maravilhosos. Agora ele precisava do silêncio para ver o contraste, e nesse contraste ele poderia resgatar a sua consciência, que já estava lá, era Pamina.

Ele precisava passar em primeiro lugar na prova do silêncio. Antes de entrar, ele toca sua flauta mágica, encanta todos os animais. Ele sabe lidar com os sons, mas ainda não teve que lidar com o silêncio. Sua primeira prova será de silêncio porque no contraste entre som e silêncio, produz-se a consciência. Tanto é assim que, quando ele começa a prova, surge Pamina. A consciência nasce do contraste. Então, os meninos, as crianças, essas vozes espirituais puras falam para ele se manter firme, calado e paciente. Ou seja, manter a firmeza, a paciência e o silêncio.

Ele, então, chegando ao castelo, encontra os três templos: sabedoria, razão e natureza.

Havia, de um lado, essa razão superior, luminosa, que era puro fogo, e do outro lado, a natureza pura, bruta. Talvez pura como Papageno, talvez contaminada como Monostatos, mas é natureza. Era preciso fazer uma ponte entre esses dois templos, entre esses dois mundos. Quem faz a ponte e harmoniza os dois mundos é a sabedoria, que era o templo do centro, que equilibrava, então, o mundo espiritual com o mundo material, com esse mundo da natureza, com esse mundo da razão. Como já haviam sido unidos um dia e separaram-se, então é necessário refazer a ponte, ser um pontífice e ligar novamente céu e terra. O primeiro templo no qual será destinado a entrar é realmente o templo da sabedoria.

Ele conversa com o sacerdote, que conta tudo o que ele tinha ido fazer ali. Pergunta por Pamina. O sacerdote não dá respostas, pois tem um voto de silêncio, mas dá a entender que as concepções de Tamino sobre Sarastro, sobre o que tinha acontecido, estavam muito equivocadas. Ou seja, ele começa a colocar dúvida sobre as convicções que Tamino tinha adquirido no reino da ignorância.

Novamente, é muito interessante. É uma das primeiras coisas que a sabedoria fará. Tudo sobre o que achamos ter tanta certeza, esse mundo polarizado, cheio de paixões, de ódios mútuos, esse mundo onde todo mundo trama contra todo mundo... é possível ter certeza de que as coisas são desse jeito mesmo? Será que não existe uma verdade maior e acima de tudo isso? Uma vez que duvidamos, começamos a rachar esse império da ignorância dentro de nós, e por essas rachaduras começa a entrar luz. Por isso Aristóteles falava tanto da dúvida na filosofia. E esse primeiro sacerdote da sabedoria inspira em Tamino dúvidas a respeito daquela opinião monolítica que foi dada a ele no plano da ignorância. Faz com que ele perceba que os seus conceitos podem estar errados.

Nesse momento ele toca a sua flauta e os animais reúnem-se, ficam encantados e deslumbrados. Os pássaros ficam à sua volta, e aí há uma comunicação, um contato, porque ele ouve a flauta de Pã de Papageno, e Papageno ouve a sua flauta maravilhosa.

E eles se percebem, estão próximos um do outro. Em seguida, há a chegada de Sarastro. Ele chega em um carro puxado por leões (isso é um símbolo, mais um para nossa caderneta). Leões são um símbolo solar, claro. Estão relacionados ao Sol. Até nos Doze Trabalhos de Hércules, o leão de Nemeia está relacionado com o Sol. Ou seja, o leão é um símbolo solar.

Sarastro vem em um carro conduzido por leões. Claro, ele é o sacerdote, o hierofante nesse templo egípcio, é o mestre de sabedoria que fará a iniciação tanto de Tamino quanto de Pamina.

O carro de Sarastro, conduzido por leões. Cenografia de Joseph e Peter Schaffer (os Irmãos Schaffer) para A Flauta Mágica, *1793.*

Ele chega e, nesse momento, todos se encontram. Pamina reclama a Sarastro porque Monostatos estava tentando seduzi-la, sendo agressivo com ela, inclusive. Sarastro fica responsável por cuidar disso e chama os dois. Papageno é chamado pelos sacerdotes e por Tamino para começar as suas provas. Os dois entram, então, em uma cripta, onde são instruídos a não falarem nenhuma palavra, sobretudo se surgirem mulheres. Ou seja, tudo aquilo que pode ser refletido pela mulher, quer num plano mais baixo — as emoções, as paixões —, quer em um plano mais alto — a sua própria alma. Esse é o momento de fazer silêncio para que seja possível concentrar-se e haver esse contraste. E para que se possa recuperar a própria consciência.

É um momento de mergulhar dentro de si próprio. Para isso, o silêncio tem que ser absoluto. É hora de reencontrar-se e partir para sua caminhada decisiva em relação às provas da água e do fogo. Muito semelhante ao batismo cristão, não é? Batismo na água e no fogo. Certamente, também há uma influência simbólica.

Ainda temos outra coisa interessante: eles são levados a um bosque de palmeiras. A palmeira é um símbolo de conquista da paz. Simboliza a entrada no mundo de paz, onde todos os conflitos internos pacificam-se. É também interessante que alguns sacerdotes carreguem ramos de palmeira prateados. Algumas montagens da obra, inclusive, mostram isso. Esse prata, esse branco luminoso, significa: "já passamos do plano da Rainha da Noite, estamos entrando, saímos da *Obra em Negro*, estamos entrando na *Obra em Branco*, que é a purificação". É a segunda etapa da obra alquímica.

Eu vi todos esses bichos, estou trabalhando para dominá-los, e agora tenho que me purificar para ver algo além disso. Tomar as rédeas de tudo o que vive dentro de mim, me controlar e elevar a minha consciência para perceber o meu caminho daqui para a frente, que será a *Obra em Vermelho*.

Então, é interessante esse momento da floresta de palmeiras. É uma entrada para um mundo pacífico, para um mundo de purificação. E a primeira prova é a do silêncio. É evidente que lá dentro os dois são instruídos a ficarem no mais absoluto silêncio. Lembra um pouco a tradição de que fala Helena Blavatsky, a de ignorar todos os ruídos para ouvir a voz do silêncio. Essa voz, que é a nossa própria essência, nosso próprio ser, também é um princípio de várias normas de reflexão, de meditação. Ou seja, concentrar-se na busca por conhecer mais profundamente a si próprio. Não responder a ninguém, sobretudo a alguém do sexo feminino, que surja. É lógico que isso era muito difícil para Papageno. Nós sabemos que Tamino concentra-se e fica absolutamente em silêncio. Entram as três damas da Rainha da Noite e tentam provocá-los de todas as formas. Ambos são capazes de resistir às damas da Rainha da Noite.

Pouco depois disso, Papageno começa com a sua tagarelice. Em seguida, surgirá Pamina, e veremos que acontece um fato quase em paralelo: ela estava em seu leito e, quando sai de lá, corre para vir na direção de Tamino, seu amado, e encontra-o absolutamente silencioso. Ambos não lhe dirigem uma palavra, e ela fica desesperada de dor. Pensa: "Ele não me ama mais. Ele me ignora, ele não me quer mais". E volta para os seus aposentos. Veremos essa cena logo em seguida.

Tamino, apesar de loucamente apaixonado pela sua Pamina, permanece totalmente voltado para o silêncio, enquanto Papageno está ali ansioso e diz: "Olha, eu não queria sabedoria nenhuma. Eu queria apenas uma Papagena. E não posso vê-la?" O sacerdote, então, permite que ele veja a sua Papagena, mas não que a possua. Primeiro, ele precisa ter mérito. Aparece uma mulher com aparência de uma velha muito, muito idosa, horrível, perguntando se ele aceitaria casar com ela. E ele sente tanta solidão, tanto medo de terminar a sua vida sozinho, que, apesar da aparência dessa anciã, diz que sim. Ou seja, era um pouco do mérito que ele tinha. Ir além da mera aparência do plano físico e entrar no plano emocional, onde ele vivia. Plano de um amor, ainda que bastante simples, não muito espiritualizado, mas com certa lealdade, que vai além das aparências. Ao aceitar a anciã, lembra muito o mito de Sir Gawain e a Dama Ragnell, lá da mitologia do rei Arthur, mais uma vez um mito celta aqui.

Ele aceita, então, casar-se com essa anciã, e ela se transforma em uma jovem muito bela, que é Papagena. Só que ele a vê, fica louco por ela, e ela desaparece muito rapidamente. Ele ainda tinha que terminar essa prova de silêncio para se unir a ela, mas definitivamente falha. Fala várias vezes, não consegue controlar-se e nem tem interesse naquela trajetória.

Em paralelo, nós veremos que quando Pamina estava no seu quarto, recebe a visita da Rainha da Noite. As três damas, inclusive, tinham falado isso para Papageno e Tamino: que a Rainha da Noite estava no palácio, e realmente estava. Ela vai até os aposentos da filha e vem aquela ária, que é uma coisa impressionante, porque expressa sentimentos sem falar uma palavra, só com sons, com interjeições; ela mostra toda sua fúria e exige que Pamina mate Sarastro com o punhal que lhe entrega, ou não seria mais sua filha. E Pamina começa a perceber que a mãe era louca, puro ódio, e assusta-se com tudo aquilo.

Nos bastidores, Monostatos assiste a tudo. Quando a Rainha da Noite sai e deixa o punhal com ela, ele ameaça contar tudo o que aconteceu. Toma o punhal dela e exige que se entregue a ele, ameaçando-a de morte.

Nesse instante, surge o próprio Sarastro, ou seja, todo mundo estava observando essa cena. Sarastro também tinha visto, também sabia o que tinha ocorrido. E ela ali, muito consternada, vai para os braços de Sarastro. Ele pede que ela tenha paciência com todos esses elementos da vida.

É assim que se chega à sabedoria. Quem ama a sabedoria tem que ter paciência com aquele que é manipulador, colérico, com aquele que quer manter o poder a qualquer preço, que quer possuir as coisas que são objeto do seu desejo a qualquer custo. É preciso paciência e manter-se firme no caminho. Não se pode deixar que nenhum desses elementos que pertencem ao mundo obscuro da ignorância seja capaz de atrapalhar o seu caminho. Não se pode deixar que esses elementos tenham poder sobre si. Os filhos da luz movimentam-se pela luz, embora haja escuridão à sua volta. Cito aqui um pouco da simbologia do tarô egípcio. O Deus Carneiro Khnum movimenta-se no meio da fumaça, andando quase agachado, buscando o seu caminho, ignorando todo aquele caos a sua volta.

Ou seja, o filho da luz pode estar no meio das trevas e continuar trilhando determinadamente o seu caminho. Isso tem muito a ver com o homem de ouro de Platão, que não era vulnerável às influências do meio. Estivesse onde estivesse, ele não perdia sua cor, suas propriedades, como um objeto de ouro que está com você. Ele nunca escurece, é fiel a si mesmo, a ponto de nada externo poder adulterá-lo. Por isso Platão o chamava de homem de ouro.

Então, Sarastro passa isso para Pamina. Logo após, acontece a cena em que ela vai atrás de Tamino e ele não fala com ela. Em desespero, ela pega o punhal que a sua mãe lhe deu e pensa em se matar. Chega a pensar no suicídio. E então vêm os três anjos, aqueles três meninos tão puros, não é? Começam a cantar com ela, dizendo que não cometa essa insensatez, que é simplesmente um momento; que não acredite nesse momento tão obscuro; que não se guie pelas aparências, o que também é próprio daqueles que seguem o caminho da luz; que largue aquela faca e procure novamente Tamino.

Diante daquele conselho, Pamina retoma a lucidez, não se deixa impressionar pelas aparências — o que também é uma necessidade daquele que busca a luz — e procura novamente Tamino. Nesse momento, ele tinha concluído a sua prova de silêncio e preparava-se para entrar nas provas de água e de fogo, e ela pede para entrar nessas provas junto com ele, o que é aceito. Ela também passou pelas suas provas, portanto, tem condições de caminhar junto com ele, ambos guiados pela flauta mágica, que vai abrindo caminhos para que eles passem pelas provas de água e de fogo.

Eu havia dito que essas provas lembram muito o batismo cristão na água e no fogo, mas lembram também um simbolismo universal. Se pegarmos um recipiente de água, de todo jeito que o virarmos, ele está sempre na horizontal. As águas representam a horizontalidade do mundo manifestado. Se pegarmos uma tocha de fogo, de qualquer jeito que virarmos a sua base, ela está sempre vertical. Representa a verticalidade do mundo espiritual, do mundo luminoso, altruísta, verdadeiro.

Portanto, as provas de água e de fogo são as provas de passagem por esses dois mundos. Ou seja, de passar por eles e harmonizá-los. E é exatamente o que eles fazem. É como se fosse uma cruz, não é? A cruz é a união de um braço horizontal e um vertical. É capaz de harmonizá-los — água e fogo, horizontal e o vertical — e sair vitorioso do outro lado.

Há muitos símbolos representando aquele que é tragado pelas águas e aquele que flutua sobre as águas, que, em várias mitologias, estão associados àquele que foi engolido pelo materialismo e àquele que, apesar de estar no mundo, continua de frente para o céu, para as estrelas e para o Sol. Ou seja, aquele que, apesar de estar no mundo, não é do mundo. É muito característica essa descrição para sábios. Como o próprio Sarastro estava no mundo, o seu tempo também estava.

Então, eles passam por essas provas. Enquanto isso, Papageno, que evidentemente não tinha prosseguido (aquilo não tinha nada a ver com ele), fica tão triste que resolve suicidar-se. É uma cena muito engraçada, a parte humorística da história. Ele resolve que vai se enforcar porque sua Papagena sumiu, ele não tem ninguém, ninguém o ama, não tem motivo para viver.

Contudo, ele fica postergando: "Só vou contar até tal número. Vamos ver se aparece uma mulher que me ame". Não aparece ninguém. Aí ele resolve enforcar-se mesmo. Quando ele está pensando em fazê-lo, surgem mais uma vez aqueles anjos, os três meninos, essas vozes do plano espiritual, e respeitam Papageno pelo que ele é, puro, simples, pelas suas necessidades puras e simples.

E dizem a ele: "Não faça isso. Simplesmente toque os seus sininhos. Os seus sininhos encantam tudo do mundo material. Eles trarão Papagena até você". E assim ele faz. Quando ele toca os sininhos, surge para ele Papagena. Como em toda boa história, eles ficam felicíssimos, se casam, geram muitos Papageninhos e são felizes para sempre.

Do outro lado, Tamino e Pamina conseguem vencer as provas, que não eram fáceis. É muito bonito o texto no libreto. Aliás, parece-me que isso está na ária também de Sarastro, quando ele pede que Ísis e Osíris estejam com eles, quer sejam vitoriosos, quer morram, e se morrerem, que morram em glória. As provas não são brincadeiras, são provas difíceis. Entretanto, a flauta mágica feita em ouro — que evoca a harmonia dos sete planos e o poder da sabedoria solar dourada

— permite pacificar todas as dificuldades.

Felizmente, eles chegam vitoriosos dessas difíceis provas e são recebidos para aquilo que se chama de *hierogamia,* o casamento sagrado do rei e da rainha na alquimia. Há uma obra chamada *As Núpcias Alquímicas*, de Christian Rosenkreuz, que fala claramente sobre isso, as núpcias do rei e da rainha, que estão ali para unir-se e, na verdade, são um só, vitoriosos sobre todas as provas.

Nesse momento, a Rainha da Noite, com as suas três damas e mais Monostatos, resolvem atacar o templo para tentar, mais uma vez, trazer Tamino e Pamina de volta e, de preferência, destruir o templo e Sarastro.

Só que, nesse momento em que a unidade já tinha sido conquistada, aquele mundo era inexpugnável. Enquanto há alguma fragmentação, as trevas podem entrar. Uma vez que chegou à coesão, não há mais frestas por onde as trevas possam penetrar. Portanto, eles são fragorosamente derrotados e lançados à escuridão da noite eterna. Ou seja, para que esgotem a sua necessidade de escuridão e de ignorância, ou para que fiquem aí como fatores abstratos para testar os novos caminhantes que vêm.

Há, então, o casamento dos dois, e vem a fala de Sarastro, a qual acho muito bonita. Ele diz o seguinte:

> *"Foi a noite expulsa pelo fulgor do dia,*
> *Que anulou o falso poder da hipocrisia".*[3]

E o coro dos sacerdotes responde:

3 MOZART, Wolfgang Amadeus; SCHIKANEDER, Emanuel. *A flauta mágica*. Tradução por Renato Icarahy. Rio de Janeiro: Relume-Dumará, 1991.

"Glória aos iniciados!
Da noite, vencedores!
A Ísis e Osíris,
Graças e louvores!
A força triunfou,
E por prêmio, abençoa
O Saber e a Beleza
Com eterna coroa".

Ou seja, a sabedoria e a beleza que ela traz ao mundo desposam-se, integram-se, conquistam a unidade, o que também é um símbolo muito egípcio. Quanto mais os seres crescem pelas faces de uma pirâmide, mais se aproximam da unidade, que é o divino, absolutamente luminoso. É o ápice da evolução de todos os seres.

Por isso se diz que o caminho positivo, em direção à unidade, é um caminho que também a contém. É um caminho de fraternidade, de união, de reconhecimento do outro em mim mesmo, de empatia. Ou seja, caminhar para o ápice da pirâmide aproxima-nos também de todos aqueles que caminham por todas as outras faces.

Portanto, a evolução é um caminho de união, e tudo aquilo que nos leva em direção ao ápice luminoso da pirâmide nos torna mais unidos dentro e fora, provoca maior harmonia — a harmonia da flauta mágica.

Todos os símbolos encaixam-se e chegam a esse momento glorioso, em que essa unidade é conquistada, graças à perseverança, à persistência e à humildade. Uma coisa interessante: quando Papageno e Tamino entram na cripta para submeterem-se à prova do silêncio, é pedido que se cubram. Ou seja, cobrir-se como um símbolo de humildade, de respeito, de reconhecer o seu pequeno tamanho diante da enormidade da sabedoria que existe pela frente. Ou seja, humildade, perseverança, constância e sede de luz. Ser perseguido por um dragão ou por uma serpente, ter a nossa consciência raptada pelo mundo luminoso de Sarastro.

Todos esses elementos prévios são méritos que fazem com que os dois fundam-se dentro do templo da sabedoria, sejam luminosos e tenham alcançado o seu ápice, o seu melhor como seres humanos. São sábios, realizaram a natureza humana no seu aspecto mais solar e mais luminoso.

Assim termina a nossa história.

Conclusão

Há uma frase de Goethe sobre Mozart que eu achei muito bonita. Acredito que seja uma boa finalização para este livro.

> *"Todas as obras de Mozart são deste gênero; existe nelas uma força criadora que continua a atuar de geração em geração e que nunca se deve esgotar ou destruir".*

A maneira como Mozart veste essa história, esse mito, o modo como interfere nela, como dá uma dimensão mágica à história por intermédio da sua música maravilhosa faz com que ele atinja um plano atemporal, que é o plano dos mitos. Eles estão sempre ali. Enquanto o homem existir como tal, enquanto não tiver atingido a plenitude da sabedoria, os mitos são um bom mapa de referência.

A música de Mozart funde-se com as orientações míticas de tal maneira que é inseparável dela. Se nos concentrarmos nessa música separada, sem conhecimento do texto , perceberemos que ela é um convite contundente para subir, para elevação. Ela puxa a sua consciência para um grau mais elevado como poucas são capazes de fazer.

Esse efeito, pelo que parece, não é casual, é intencional. Ele fez essa obra para isso, com essa finalidade.

Eu espero que esse livro tenha sido uma boa reflexão. Um pouco longa, mas útil, e que possa servir para mastigarmos essas ideias, porque, quando entendemos, vamos além da literalidade infantil em que vivemos. O homem conhece tão pouco a si próprio porque não conhece a linguagem simbólica. Não é capaz de ver o simbolismo das coincidências da sua vida, dos fatos reiterativos que normalmente estão lhe mostrando aquilo que precisa superar. Não consegue ver os elementos que são representados por meio da natureza. Não consegue ler a vida, portanto, não consegue ler nada dos mitos e interpreta-os ao pé da letra, de uma maneira que nem uma criança faria. A criança tem muito mais mentalidade simbólica e, às vezes, expõe mitos maravilhosos ao ridículo, como é tão comum fazermos nesses dias.

Àqueles que são da área da música e sabem que a própria música vive no plano dos mitos, espero que possam refletir um pouco sobre tudo isso e adentrar nesse templo sagrado de Sarastro, limpando os pés do materialismo, da superficialidade, e aprendendo a desenvolver algo de linguagem simbólica.

A todos, os meus agradecimentos.

Referências

BLAVATSKY, H. P. **A voz do silêncio**. São Paulo: Pensamento, 2020.

CAMPBELL, Joseph. **O herói de mil faces**. São Paulo: Cultrix/Pensamento, 1989.

JUNG, C. G. **O livro vermelho (Liber Novus)**. Petrópolis: Vozes, 2010.

MARCO AURÉLIO, Imperador de Roma. **Meditações**. Barueri: Camelot Editora, 2021.

MOZART, Wolfgand Amadeus; SCHIKANEDER, Emanuel. **A flauta mágica**. Rio de Janeiro: Relume-Dumará, 1991.

PLATÃO. **A República**. São Paulo: Edipro, 2006.

ROSENKREUZ, Christian. **As núpcias alquímicas.** São Paulo: Lectorium Rosicrucianum, 1993.

Leia também:

LÚCIA HELENA GALVÃO
SIMBOLISMOS
EM A DIVINA COMÉDIA, DE
DANTE
ALIGHIERI
COLEÇÃO
COMENTÁRIOS SOBRE O
SIMBOLISMO EM
GRANDES OBRAS

Sobre a autora

LÚCIA HELENA GALVÃO é uma figura notável no cenário filosófico brasileiro. Com mais de 30 anos de atuação como filósofa e professora voluntária na organização Nova Acrópole do Brasil, tem compartilhado seu vasto conhecimento com a sociedade. Além disso, com mais de 800 palestras publicadas no YouTube e milhares de seguidores em diversas redes sociais, tornou-se uma referência para aqueles interessados em filosofia e desenvolvimento humano. Como autora e prefaciadora de diversas obras, Lúcia Helena Galvão busca incentivar as pessoas a cultivarem o amor à sabedoria e a buscarem uma vida mais significativa. Seu trabalho é uma verdadeira inspiração para aqueles que desejam construir um mundo melhor.

www.ingramcontent.com/pod-product-compliance
Ingram Content Group UK Ltd.
Pitfield, Milton Keynes, MK11 3LW, UK
UKHW042006190726
13854UKWH00005B/2190

9 788554 823740